\ こうじょうちょーと一緒に /

# ゆめかわデコを楽しもう！

### こんにちは！ こうじょうちょーです★

毎日学校で使うアイテムを、もっとかわいくして、自分だけのオリジナルにしませんか？ この本では、プチプラ材料を使って、シンプルな文房具をゆめかわいく変身させるＤＩＹを紹介していきます。かんたんなものから、ちょっと本格的なＤＩＹまで、アイデアはいろいろ！
一緒に「ゆめかわデコ」にチャレンジしましょう★

## シンプルな文房具や小物に……

＋

## いろいろなかわいいデコパーツを選んで……

### シールやマスキングテープをはったり、えのぐをぬったり……

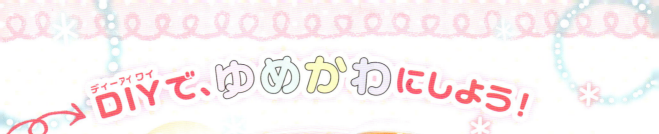

# DIYで、ゆめかわにしよう！

DIYは、Do It Yourself
——「自分でやろう！」という意味の、工作や手芸のこと。
100円ショップで買えるシンプルなアイテムでも
自分で好きなようにアレンジしたり、デコレーションしたりすれば
夢みたいにかわいく♥もできちゃいます。
こうじょうちょーと一緒にDIYの基本を覚えて、
ゆめかわデコにさっそくチャレンジ！

かわいいアイテムを
たくさん作ろう！

### こうじょうちょープロフィール
ものづくり動画を中心に大人気のユーチューバー。見る人が楽しく笑顔になれるような動画をつくる「笑顔生産株式会社」の工場長だから、「こうじょうちょー」です！デコやアクセサリーづくり、お人形の洋服づくりなどのDIY、クッキング、メイクなど、好きなことをたくさん動画投稿サイトYouTubeに投稿しています。

# もくじ

- P.2 こうじょうちょーと一緒に **ゆめかわデコを楽しもう！**
- P.6 DIYを始める前に **用意するもの**

---

P.8 こうじょうちょーのDIY授業 ★ **1時間目**　基本のデコをマスター！

## デコえんぴつ

---

- P.12 デコチャレンジ 1　**えんぴつチャーム**
- P.14 デコチャレンジ 2　**くるくるボールペン**
- P.16 デコチャレンジ 3　**いちご消しゴム**
- P.18 デコチャレンジ 4　**キラキラじょうぎ**
- P.20 デコチャレンジ 5　**ゆめかわノート**
- P.22 デコチャレンジ 6　**デコクリップ**
- P.24 デコチャレンジ 7　**フラワーポーチ**

- P.26 休み時間　**いちごのお手紙**

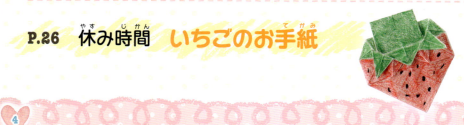

**P.28** こうじょうちょーのDIY授業 ★ 2時間目

# デコペンケース

DIYのレベルがアップ！

| | | |
|---|---|---|
| **P.32** | デコチャレンジ 8 | ぐるぐるえんぴつキャップ |
| **P.34** | デコチャレンジ 9 | キャンディペンケース |
| **P.36** | デコチャレンジ 10 | もこもこペンケース |
| **P.38** | デコチャレンジ 11 | リボンペン立て |
| **P.40** | デコチャレンジ 12 | パジャマポーチ |

**P.43** 放課後 こうじょうちょー なんでもQ＆A

**P.44** DIYの夢が広がる！
100円アイテムカタログ

**P.46** こうじょうちょーのDIY作品

さあ、一緒に始めましょう！

# DIYを始める前に用意するもの

この本でよく使う道具や材料と、基本のワザを紹介します!

## 基本の道具・材料

メインで使う道具・材料がこちら!実際の作品に使ったものは、作り方ページでくわしく説明しています。

**はさみ**　**カッター**　**セロテープ**　**木工用ボンド**　**瞬間接着剤**　**グルーガン**

はりつける素材によって使い分けます。

**マスキングテープ**
柄や色が豊富な、はったりはがしたりできるシール。デコにも、仮どめや色ぬりなどにも使えます。

**シール**
小さなラインストーンや、宝石のような大きなクリスタルのシール。ペタンとはるだけでキラキラに。

**デコパーツ**
小さなポンポン、リボン、ビーズなど、100円ショップや手芸専門店にたくさんの種類があります。造花をばらして使うのもおすすめ!

## 色をぬるとき

ムラなくきれいにぬることが、かわいく仕上げるポイントです。

**アクリルえのぐ**
アクリルえのぐは、プラスチックなど、ほとんどの素材のものに色をぬることができます。

**いらない紙**
アクリルえのぐは、一度紙などにすこしだけ出して使います。おすすめはよく洗った牛乳パック。使用後にそのまますてられて便利! もちろんパレットを使っても◎。

**スポンジ**
メイクするときに使うスポンジ。紙に出したアクリルえのぐをつけて、ぬりたいアイテムにポンポンと軽くたたきつけるようにしてぬります。

一度全体に薄くぬって乾かしてから、また上から重ねてぬっていくと、どんどん色が濃くなって、きれいな仕上がりになります。

## グルーガンを使うとき

グルーガンは、樹脂という素材でできたグルースティックを温めて溶かし、くっつけたいものにつけ、冷やして接着させる道具です。

### 用意するもの

**グルーガン**
100円ショップの手芸コーナーなどに売っています。木材、プラスチック、金属……いろいろな素材に使えます。

**グルースティック**
スティック状の樹脂の固まりです。グルーガンに入れて熱で温めて使います。冷えると固まって接着できます。

### 使い方

グルーガンの後ろの穴からグルースティックを奥まで入れる。

トリガーを何度か引いて、トリガーが動かなくなったらコードをコンセントに差し込んで温める。

5分くらいしてグルーガンが温まったら、つけたいパーツなどにグルーガンのノズルを当て、トリガーを引く。溶けて出てきたグルーが数秒で固まる。

###  注意すること　※大人と一緒に使いましょう！

**使用中にノズルはさわらない。**
→熱くなっているのでやけどに注意しましょう。

**いっきにグルーを出さない。**
→すこしずつトリガーを引いて、出すグルーの量を調整しましょう。

**グルーガンが熱いまま片付けない。**
→冷ましてから片付けましょう。

使用中は、トリガーを引かなくてもグルーが自然にノズルから出てきます。グルーガンを置くときは、いらない紙の上に置くか、付属の金具（スタンド）を取り付けて支えましょう。

---

**Q.** グルースティックが減ってきたらどうするのですか？

**A.** 新しいグルースティックを追加でグルーガンに入れます。使い終わったあとも、グルースティックを取り出す必要はありません。

**Q.** つけたあと、グルーが糸をひいてしまいます。うまく切る方法はありますか？

**A.** 出したグルーの上でグルーガンをくるくる〜っと小さく円をえがくようにまわして、出したグルーに糸をしまい込みます。

# STEP.1 まずは、ベースとなるえんぴつをカラフルにしましょう！

## ベース1 えのぐ

えんぴつに好きな色のアクリルえのぐをぬりましょう！
もともとの色が緑や茶色の濃い色だとぬりにくいから、
黄色など、薄い色のえんぴつがおすすめです！

**使う道具・材料**
- マスキングテープ
- アクリルえのぐ
- 紙
- スポンジ

### 1

金具や消しゴムがついているえんぴつの場合は、えのぐがつかないようにマスキングテープでおおう。

### 2

マスキングテープを3重くらい巻きつけ、しっかりカバーする。

### 3

スポンジを上下に動かす

紙の上にえのぐをすこし出し、スポンジにつけてえんぴつをぬる。しっかりと乾かしてマスキングテープをはがして完成。

**ポイント** 紙コップを逆さまにして底に穴を開け、穴にえんぴつをさすと乾かしやすくておすすめ。

## ベース2 マスキングテープ

デザインの種類がいっぱいあるマスキングテープで
えんぴつをカラフルにしてみましょう！
細長いえんぴつには、水玉もようやストライプ柄がぴったり。

**使う道具・材料**
- はさみ
- マスキングテープ 幅15mm

### 1

えんぴつの長さに合わせてマスキングテープを伸ばす。

### 2

マスキングテープをはりながら、えんぴつの長さにぴったりなところをはさみで切る。

### 3

えんぴつの反対側も同じようにマスキングテープをはって完成。

**ポイント** えんぴつと柄が平行になるように、マスキングテープをまっすぐにはりましょう。

## STEP.2 えんぴつをカラフルにしたあとは、好きなデコパーツをつけてデコレーションしましょう。

### デコ1 モールとポンポン

中に針金が入っているモールを使ったデコレーション。
カラフルなポンポンがぴょんとゆれる、ゆるくてかわいいえんぴつになります。

**使う道具・材料**
- グルーガン
- はさみ
- モール 太さ3mmくらい
- ポンポン（デコレーションボール） 直径1cmくらい

**1**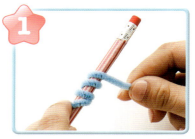
えんぴつにモールをくるくると巻きつける。

**2**
グルーをつける
えんぴつの上の方にモールを移動させて位置を決め、グルーガンではりつける。

**3**
好きな長さのところで、はさみで切る。

**4**
モールの先にグルーをつけてから、ポンポンをはりつける。

**5**
モールの真ん中と下の方に、同じようにグルーガンを使ってポンポンをはりつける。

### おすすめアレンジ
消しゴムがついていないえんぴつなら、上にポンポンを乗せてもかわいい！ 小さなリボンとあわせると、ぐっとゆめかわになります。

---

？ マスキングテープでデコったえんぴつはえんぴつけずりを使ってけずれるの？

ゴリゴリ

→ きれいにけずれます！

## デコ2 お花とポンポン

100円ショップにはたくさんのデコレーションアイテムがあるので、かわいいパーツをたくさんはりつけてえんぴつをデコりましょう！ お花のデコパーツを飾るとガーリーな雰囲気に。

### 使う道具・材料

- ★ グルーガン
- ★ はさみ

- ★ お花のパーツ
  - ・プラスチック製
  - ・直径7〜10mm くらい

- ★ ポンポン （デコレーションボール） 直径1cmくらい

### 1

グルーガンでグルーをえんぴつの上の方につける。

### 2

ポンポンを3つはり、中心にさらにグルーを出して、お花のパーツを1つはりつける。

### 3

ポンポンにグルーをつけて、2つ目のお花のパーツをはりつける。

## おすすめアレンジ

100円ショップの造花を使うと、まるでお花のようなえんぴつを作ることもできます。

### 1 造花をバラバラにする。

花と葉がついているものを用意する。 → 葉の部分、ガクの部分、花の部分と分ける。 → 葉と花びらを手で一枚一枚バラバラにする。

### 2
えんぴつを緑のアクリルえのぐでぬって乾かし、お花のくきに見立てて、葉っぱと花びらを重ね合わせるようにグルーガンでくっつける。

# デコチャレンジ1
# えんぴつチャーム

デコの基本をおさえたら、さっそくいろんなアイテム作りにチャレンジ！
髪をまとめるスプリングゴムで、ゆらゆらかわいい
えんぴつチャームができちゃいます♥
日によってつけかえたり、取り外したりできるのがうれしい！

使ったアイテム

スプリングゴム

## 使う道具・材料

★ はさみ

★ 丸カン
アクセサリーを作るときに使う金属の輪っか

カニカン
★ チャーム
輪やカニカンがついている飾り

## 作り方 A のとき

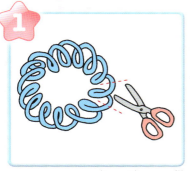
1. スプリングゴムの輪を、使いたい分よりすこし長めに切り取る。

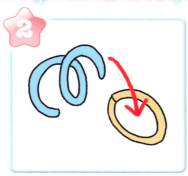
2. 丸カンをスプリングロールに通す。

えんぴつに巻きつけて使うよ
3. 通した丸カンに、チャームを取りつけて完成。

## おすすめアレンジ

スプリングゴムの切り取る長さを変えてもかわいいです！
長さに合わせて取りつける飾りを選んでみても。

B　1cm

1cmくらいの長さで切った場合は、チャームが安定して外れにくくなります。

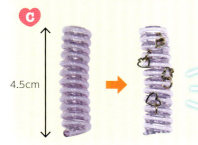
C　4.5cm

4.5cmくらいの長さで切った場合は、小さいチャームをいくつかつけてもかわいい！

## いろいろなチャーム

キラキラしてるクリスタルでゴージャスなチャームに！

自分の名前のアルファベットをつけてみよう

羽のチャームをつければ、大人っぽく！

クッキーモチーフでキュートなデザインに

13

# デコチャレンジ2
# くるくるボールペン

とってもカンタンなボールペンデコ！
細めのマスキングテープをボールペンの芯(しん)にくるくる巻(ま)くだけで、
シンプルなボールペンがおしゃれなアイテムになります。
水玉(みずたま)もようやボーダー柄(がら)のマスキングテープがおすすめです。

使(つか)ったアイテム

**ボールペン**
(中(なか)の芯(しん)を出(だ)せるもの)

### 使う道具・材料

⭐ はさみ

⭐ マスキングテープ
・幅6mm
・水玉やボーダー柄

## 作り方

ボールペンの中の芯(インクカートリッジ)を取り出す。

すきまを2〜3mm

芯にマスキングテープを巻く。2〜3mmすきまを空けながら等間隔で巻いていく。

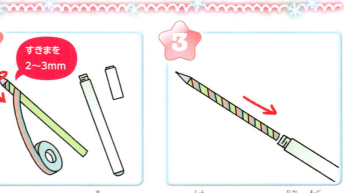

2の芯をボールペンの中に戻して完成。

---

**中を出したところ**

すきまを空けてマスキングテープを巻けば、インクの残りの量も確認できます。

### いろいろなボールペンでやってみよう！

 +

黒いボールペンも、中にマスキングテープを巻くだけでかわいくなります！

グリップがあるボールペンは、グリップの色に合わせると◎。

 +

キャップも透明のボールペンだと、マスキングテープがよく見えます！

## 使う道具・材料

- ⭐ はさみ
- ⭐ ポスターカラーペン（白）

⭐ マスキングテープ（ピンク）幅15mmか6mm

⭐ マスキングテープ（緑）幅6mm

## 作り方

### 1

「下の柄がすけないよう、3周巻く」

消しゴムのカバーに、ピンクのマスキングテープを巻く。丁寧に一段ずつ平行になるように、全体にはっていく。

### 2
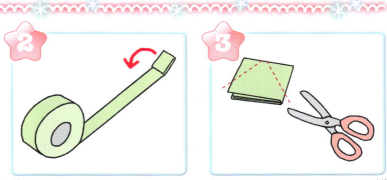

緑のマスキングテープを、5mmくらいの幅になるように、10回折りたたむ。

### 3

折りたたんだマスキングテープの角をはさみで切り落とす。

### 4
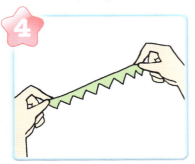

❸のマスキングテープを広げると、ギザギザ状態になっている。

### 5
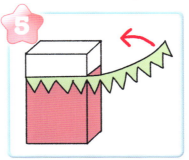

❶のカバーの上の辺に沿って、❹のマスキングテープを巻く。

### 6

白のポスターカラーペンで、いちごの種を描いて完成。

---

**横からみたところ**

側面にもいちごの種を描くと、どこから見てもキュートです！

## おすすめアレンジ

赤と緑のマスキングテープを使えば、スイカの消しゴムになります。緑は消しゴムのカバーの下の辺に沿って巻きます。黒の油性ペンで種と、皮のギザギザを描きましょう。

# デコチャレンジ4
## キラキラじょうぎ

シンプルな透明(とうめい)のじょうぎも、シールをはるだけで
おしゃれなアイテムにできます。
数字(すうじ)がかくれないようにデコレーションすることがポイント！
長(なが)さを測(はか)ったり、線(せん)を引(ひ)いたりするのが楽(たの)しくなります！

**使(つか)ったアイテム**

じょうぎ

## 使う道具・材料

⭐ はさみ

⭐ ロングシール
ロール状になっているデコレーションシール。ラインストーンがあらかじめならんでついているので、好きな長さで切ってはるだけ！

## 作り方

### 1
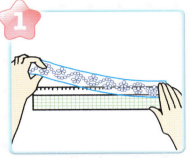
じょうぎの長さに合わせてシールの長さを確認する。

### 2

じょうぎと同じ長さになるように、シールをはさみで切る。

### 3

💬 表面にはってね

じょうぎの裏面と表面をまちがえないように、切ったシールをはる。

## おすすめアレンジ

ロングシールがなければ、キラキラしているラインストーンのシールや、小さなリボンを瞬間接着剤ではるのもおすすめ。
直線じょうぎだけではなく、三角じょうぎや分度器のデコにもチャレンジしてみよう！

**分度器**
90度のところに小さなリボンをつけて、数字がかくれないようにラインストーンを散りばめよう。

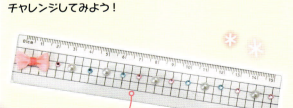

**直線じょうぎ**
0cmのところに小さなリボンをつけて、ラインストーンを横一列にはってみよう！

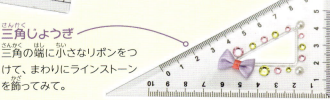

**三角じょうぎ**
三角の端に小さなリボンをつけて、まわりにラインストーンを飾ってみて。

## デコチャレンジ5
# ゆめかわノート

無地のノートに、おりがみやシールをはってオリジナルのノートを作ってみましょう！
デコった表紙にラミネートをはれば、勉強用のノートにしても、
友達との交換ノートにしても、傷つけずに使うことができます。
使う目的に合わせてデザインしてみてください★

使ったアイテム

ノート

## 使う道具・材料

- 両面テープ
- のり
- じょうぎ
- カッター
- 好きな柄の包装紙やおりがみ
- マスキングテープ 幅15mm
- ラミネートフィルム
  紙をきれいに保護できる透明のフィルムシート。専用の機械を使わずにはれるものを選んでね。

## 作り方

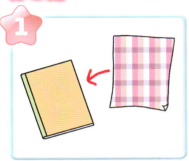

**1** まずはベース用に、好きな柄の紙をノートのサイズに合わせて両面テープではる。

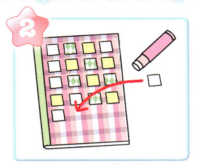

**2** ①の上に、好きな柄の紙をならべてデザインする。位置を決めたら、のりではっていく。

**3** ラミネートフィルムをノートの背表紙の方からすこしずつはる。

空気が入らないように！

**4** シワにならないように、じょうぎで押さえながらラミネートフィルムの裏紙をはがす。

**5** ノートからはみ出た部分をカッターで切る。

**6** マスキングテープを背表紙の長さに合わせてはる。

### 後ろからみたところ

マスキングテープは裏にすこし折り返すとはがれにくい。

### ★おすすめアレンジ★
**教科名や名前を書く**

細長い紙に、「算数」などの教科の名前や自分の名前を書いて、ノートにはってみよう！

## デコチャレンジ6
# デコクリップ

メモやプリントをまとめるときに便利なダブルクリップを
刺しゅう糸とマスキングテープでデコってみましょう！
ふつうに使ってもかわいいけれど、
ノートの表紙にアクセサリー感覚でつけても◎。

**使ったアイテム**

3.2cm
2.5cm
**ダブルクリップ**

## 使う道具・材料

- ✦ はさみ
- ✦ マスキングテープ
    幅15mm

- ✦ 刺しゅう糸
    ・長さ60cmくらい
    ・25番のもの（刺しゅう糸の太さは番号で表します）

## 作り方

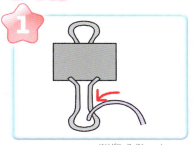

**1** ダブルクリップの針金部分に刺しゅう糸を通す。

**2** 刺しゅう糸の長さがちょうど半分になるところで1回結ぶ。

（左側の糸をA、右側の糸をBとして説明するよ）

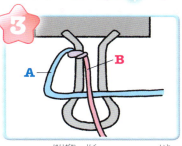

**3** クリップの針金を軸にして、Aの糸で「4」の字の輪を作る。

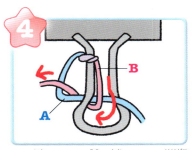

**4** Bの糸を、Aの上を通ってから針金の間を通して後ろにまわし、後ろから糸の輪をくぐって手前に通す。

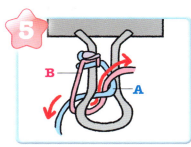

**5** Aの糸で逆向きの「4」の字を作り、Bの糸を上に通し、後ろから針金の間とAの輪を一緒にくぐり、手前に通す。

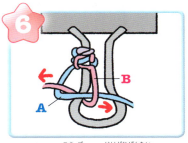

**6** 3〜5を交互に、針金全体をおおうまでくり返す。

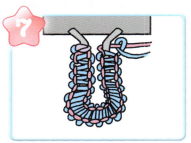

**7** 最後まで編んだら、固結びする。

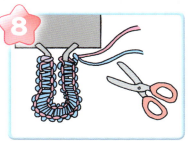

**8** あまった刺しゅう糸を、結び目の根元で切る。反対側の針金も同じようにして編む。

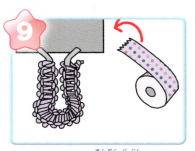

**9** ダブルクリップの金属部分にマスキングテープをはり、長さが合うようにはさみで切って完成。

23

## デコチャレンジ7
# フラワーポーチ

透明なビニールポーチに造花をつけて、ラブリーにデコります。
ポーチも造花も水にぬれても平気なので、
海やプールにもっていってもOK！
はさみやテープなども入る大きめサイズなので、
DIYセットを入れてもいいかも。

使ったアイテム
16.5cm
12.5cm
クリアポーチ

## 使う道具・材料

⭐ グルーガン　　⭐ ビーズ3つ

⭐ 造花
- 大きい花、中くらいの花、小さめの花を用意します。
- 色も何色かあると◎。

## 作り方

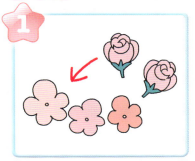

**1** 造花をバラバラにする。使うのは花びらの部分だけ。

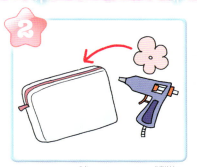

**2** グルーガンを使ってポーチの左端に大きい花びらをはりつける。

花びらの向きは、1枚目とすこしずらして！

**3** 2の花びらの中心にグルーをつけ、中くらいの花びらをはりつける。

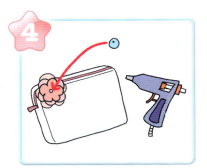

**4** 3と同じように小さめの花びらをはりつけ、グルーガンで中心にビーズをはりつける。

**5** その隣に2〜4をくり返して花びらを重ねてはりつける。

**6** 右端にも、2〜4をくり返して花をはりつければ完成。

### 横からみたところ

薄いピンク、濃いピンク、黄色の花びらを組み合わせると、本物の花のようにグラデーションがきれい！

### いろいろな造花

ガーベラ、バラなどお気に入りの花のポーチも作ってみよう！

25

## 休み時間

# いちごのお手紙

DIYはちょっとひと休み★
友達と手紙をやりとりするときにぴったりの
かわいいいちご折りを紹介します。

赤と緑でぬって、いちごカラーに！

友達と自分の名前を書いてみて！

```
──────  山折り線
──────  谷折り線
```

**1**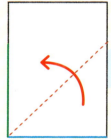
長方形の紙を縦に置いて、下の辺(青)を左の辺(緑)に合わせて折り曲げる。

**2**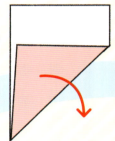
折り目をつけたら開いて戻す。

**3**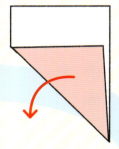
反対側も同じように、下の辺を右の辺に合わせて折り曲げて、折り目をつけて戻す。

**4**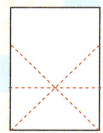
2と3の折り目の中心が折り目になるように、下から上に谷折りする。

**5**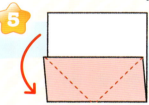
折り目をつけたら開いて戻す。

**6**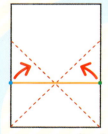
2と3と5でつけた折り目を使って、山折りと谷折りする。

**7**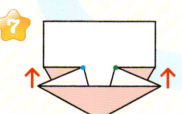
青の点と緑の点を合わせるようにして、折りたたんで三角を作る。

**8**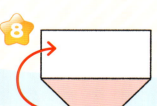
図のように折ったら、上下をひっくり返す。

**9**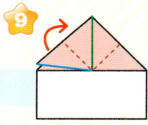
三角の手前部分を中心の方向に谷折りする。

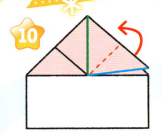
右側も同じに。

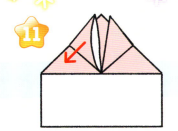
作った三角の袋になっているところを、開きながら押しつぶす。

四角形ができる。反対側も同じように四角形を作る。

四角形の下と真ん中の辺を中心の方向に谷折りする。

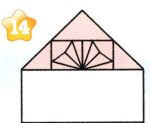
合計4つの長細い三角形を作る。

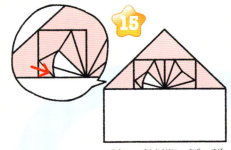
14で作った三角形の間に指を入れて、開く。

そのまま押しつぶすと、さらに小さい三角形ができる。残りの3つの細長い三角形にも同じことをする。

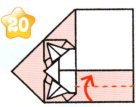
もう一度下の辺を中心まで折り曲げて、内側に折りこむ。上の辺も同じように2回内側に谷折りする。

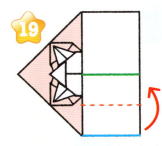
紙を横置きにして、下の辺を中心まで谷折りして、内側に折りこむ。

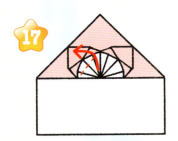
2つの小さい三角の真ん中にできた長細い三角を谷折りし、反対側も同じように谷折りする。

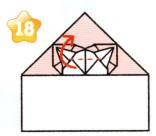
2枚の長細い三角の下に隠れていた、大きめの三角形も谷折りする。

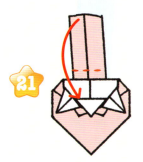
19、20で作った長方形を、真ん中あたりで谷折りして、袋になっているところに入れて完成。

こうじょうちょーのDIY授業 ★ 2時間目

# デコペンケース

2時間目からは、DIYがちょっとだけレベルアップ！
まるでプリントしたみたいに好きな柄を入れられるデコパージュや、
布やねんどを使ったデコアイテム作りにチャレンジしてみましょう。
まずは、ペンケースのデコを2パターン紹介します★

使ったアイテム

プラスチック
ペンケース

## STEP.1　まずは、ペンケースに色をぬりましょう！

### ベース1　えのぐ

好きな色のアクリルえのぐをペンケースにぬるだけ！
パステルカラーやパール入りのえのぐが
かわいくておすすめです。

**使う道具・材料**
- アクリルえのぐ
- 紙
- スポンジ
- デコパージュ専用液のトップコート（→31ページを見てね！）

1. アクリルえのぐを紙に出し、スポンジにつけて、ポンポンと軽くたたくようにしてふたの色をぬる。
2. ふたをぬりおわったら、底や側面を同様にぬっていく。
3. えのぐが乾いたら、デコパージュ専用液のトップコートを筆につけて丁寧にぬり、しっかり乾かす。

**ポイント** 1度ぬったら、乾かして2度目、3度目と重ねぬりすると、ムラなくきれいに仕上がります。

### ベース2　スプレー

スプレーを使った、すこし上級者向けのぬり方です。
やり方を覚えれば、ムラなく、きれいに
色をぬることができます。

**使う道具・材料**
- マスキングテープ
- 段ボール
- アクリルスプレー

1. マスキングテープでペンケースの側面と底をおおうようにはっていく。
2. 屋外で段ボールや汚れてもいい大きい紙にペンケースを置き、30cmほど離してスプレーを吹きかける。（離れたところからふんわりと！）
3. スプレーが乾いたら、ゆっくりマスキングテープをはがす。

**ポイント** スプレーは換気のいい屋外で、かならず大人と一緒に使おう！

## STEP.2 ペンケースに色をぬったあとは、シールやデコパージュでデコレーションしましょう。

### デコ1 シール

キラキラのシールを、バランスを見ながらはっていくだけ。大きなラインストーンのシールや、ロングシールを使って、まるで宝箱のようなペンケースを作りましょう。

**使う道具・材料**
- はさみ
- ラインストーンシール

- ロングシール
ロール状になっているデコレーションシール。ラインストーンがすでにはりついているので、好きな長さで切ってはるだけ！

**1**
ロングシールをペンケースの長さに合わせて、はさみで切る。

**2**
切り取ったロングシールをはる。

**3**
ラインストーンシールをはる。

 横からみたところ
すみずみまで丁寧にぬりましょう

どうやったらバランスよくデコれるの？

あえてそろえすぎないようにするのがポイント！心配な人は、シールをはがす前に、台紙ごと切って置いて並べてみてもいいですよ！

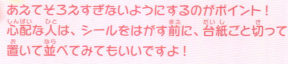

1つだけ色や大きさを変えてアクセントに！　左右対称にしない

両端は同じラインストーンでそろえる

## デコ2 デコパージュ

デコパージュは、ペーパーナプキンや専用のデコパージュペーパーなど、薄い紙の絵柄を切り取って、専用の液ではりつけます。まるでプリントみたいなデコができちゃいます。

### 使う道具・材料

- ★ はさみ
- ★ 筆
- ★ ティッシュ（水でしめらせる）
- ★ ラインストーンシール

★ デコパージュペーパー

好きな柄を切り取って使います。柄入りのペーパーナプキンでもOK。

★ デコパージュ専用液＆トップコート

デコパージュペーパーをはりつける専用液。はりつけ用とトップコートがあります。

**1**

デコパージュペーパーから好きな柄を切り取って、はりつける位置を確かめる。

**2**

デコパージュ専用液を筆に直接、すこしだけ出す。

**3**

はりたい場所にデコパージュ専用液をぬる。

**4**

デコパージュペーパーをのせ、水でしめらせたティッシュで上から押さえつける。

**5**

デコパージュペーパーをはり終えたら、デコパージュトップコートをペンケースのふた全体にぬる。

**6**

よく乾かしてから、ラインストーンシールを両端にはって完成。

### おすすめのデコパージュペーパー

デコパージュペーパーには色々な柄がありますが、白のペンケースのデコにおすすめなのは、白地に絵柄があるもの！切り取るときに柄のまわりに白い部分が残っても、はりつければ目立たずなじみます。

はりなずみ

# ぐるぐる えんぴつキャップ

樹脂ねんどは、アクリルえのぐで好きな色に染められます！
えんぴつキャップにねんどをぐるぐる巻いて、
リボンをつければファンシーなアイテムに。
ピンクと紫、オレンジとピンクなど、色の組み合わせも楽しもう！

使ったアイテム

えんぴつキャップ

## 使う道具・材料

- アクリルえのぐ 2種類
- 紙
- 瞬間接着剤
- 小さなリボン
- 樹脂ねんど 弾力があり固めのねんど。好きな形にしたあとそのまま乾燥させるだけで固まる。
- トップコート ネイルのトップコート。ラメが入っているものがおすすめ。

## 作り方

**1** 2種類の色のアクリルえのぐを紙に出す。

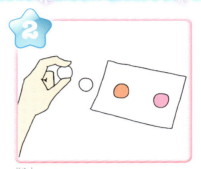

**2** 樹脂ねんどをよくこねてから、ビー玉くらいの大きさにして、ねんどにえのぐをまぜ、色をつける。

**3** 色がムラなくまざったら、樹脂ねんどを手でのばして、25cmくらいに細長くする。

**4** 2本のすきまがあかないように

キャップの先端を1本目の端でおおってから、2本目を合わせてしっかり全体に巻く。

**5** 巻き終わったら1日しっかり乾かし、トップコートをぬって乾燥させる。

**6** えんぴつキャップの先端に、小さなリボンを瞬間接着剤ではりつけて完成。

## いろいろな樹脂ねんど

白い樹脂ねんどだけではなく、もともと色がついているものも使えます。

樹脂ねんどという名前ではなく、造形ねんどという名前でお店に並んでいることもあるよ。

# デコチャレンジ 9
# キャンディペンケース

紙をはさんで使う軟質カードケースが、
こんなにかわいい、まるでキャンディのようなペンケースに！
好きな柄の布と、好きな色のリボン・ファスナーを組み合わせて。
丸いケースなので、マスキングテープを入れるのにもぴったり！

使ったアイテム

**軟質カードケース**
(B5)

## 使う道具・材料

- ⭐ じょうぎ
- ⭐ 油性ペン
- ⭐ はさみ
- ⭐ えんぴつ
- ⭐ 瞬間接着剤
- ⭐ 布
- ⭐ リボン2本 長さ30cm
- ⭐ ファスナー 長さ20cmくらい

## 作り方

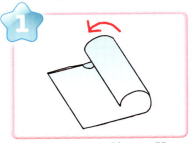

**1** 軟質カードケースを作りたい大きさに丸める。

**2** 大きさを決めたら、じょうぎと油性ペンを使って線を引く。線に沿ってはさみで不要な部分を切り落とす。

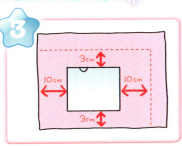

**3** 布の裏面に❷を置き、左右10cm、天地3cmの長さを測り、えんぴつで線を引く。線に沿ってはさみで布を切る。

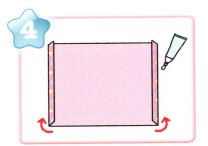

**4** 布がほつれないように左右の両端を2～3mm折り返して、瞬間接着剤ではる。

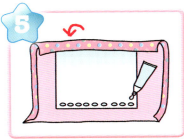

**5** 軟質カードケースを置き、上下に瞬間接着剤を出し、布で挟むようにしてはりつける。

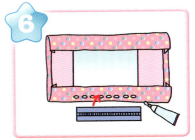

**6** 布の下のふちに瞬間接着剤を出し、ファスナーの表を下にして置いて、ファスナーの片側と布をはりつける。

**7** ケースを丸めて、反対側の布とファスナーの反対側が合わさるように瞬間接着剤ではりつける。

**8** 両端をリボンで結んで完成。リボンがほどけるのが心配な人は、先にゴムでしっかりとめておこう。

中を開けたところ

口が大きく開くので、えんぴつやボールペンが探しやすい！

## デコチャレンジ10
# もこもこペンケース

ふわふわの手ざわりがクセになる、もこもこのペンケース！
毛糸をくるくる巻いてお菓子の空き箱のまわりにはっていきます。
ケースの両端にお花をデコって、
まるで花畑のようなかわいいデザインに。

**使ったアイテム**

筒状のお菓子の空き箱
（全長25×直径3.5cm）

## 使う道具・材料

- ★ えんぴつ
- ★ 造花
- ★ ビーズ2つ
- ★ グルーガン
- ★ もこもこしている太い毛糸

## 作り方

### 1

えんぴつに毛糸を25回ほど、ぎゅっとよせながらすきまができないように巻く。

### 2
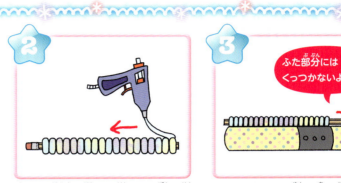

巻いた毛糸の端から端まで1本の線を引くように、グルーガンでグルーをつける。

### 3

「ふた部分にはくっつかないように!」

グルーをつけた面を空き箱にのせ、くっつける。巻いた毛糸からえんぴつを抜く。

### 4

はさみで毛糸の輪を切る。お好みで切らなくてもOK!(写真ではふたの部分は輪のまま)

### 5
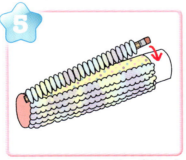

1〜4をあと9回くり返し、全体が埋まるようにはりつける。ふた部分も、ふたの長さに合わせて毛糸をはりつける。

### 6

両端に、バラバラにした造花の花びらを4枚重ねてはり、ビーズを1つはりつけて完成。

**底を みたところ**

造花をバラバラにする方法は11ページ、重ねてはる方法は25ページを見てね。

**ふたを 開けたところ**

えんぴつやペンが、4、5本入る大きさです。

# デコチャレンジ11
# リボンペン立て

パステルカラーにリボンがかわいいペン立て。ペン立ての穴をうまく使って、リボンをレースアップにします。キラキラしたおりがみを見せるのもポイント★デコったえんぴつやじょうぎも、かわいくおしゃれに収納できます！

**使ったアイテム**

ペン立て
（穴があいているもの）

## 使う道具・材料

- ⭐ スポンジ
- ⭐ アクリルえのぐ
- ⭐ 紙
- ⭐ はさみ
- ⭐ セロテープ
- ⭐ A4クリアファイル
- ⭐ リボン
  長さ50cmくらい
  ※2カ所つける場合は2本
- ⭐ おりがみ
  ペン立ての内側に入れる。キラキラしている紙がおすすめ。

## 作り方

### 1

紙にアクリルえのぐを出し、スポンジを使って軽くたたくようにしてペン立てに色をぬる。

### 2

アクリルえのぐが乾いたら、底に一番近い穴2つに、内側からリボンを通し、左右の長さを同じにする。

### 3

ペン立ての穴にリボンを交差させながら通す。

### 4

リボンを結び、あまったリボンをはさみで切る。お好みで、反対側にも同じようにリボンを結ぶ。

### 5
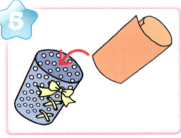

おりがみをペン立てに入れて、ペン立ての高さからはみ出た部分を折っておく。

### 6
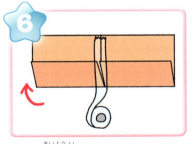

⑤を2枚用意し、セロテープでつなぐ。

### 7
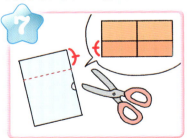

おりがみの折り返し部分の幅より、すこし短めの幅をとり、クリアファイルを切る。

### 8
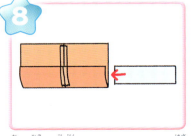

折り返し部分にクリアファイルを挟み込む。

### 9
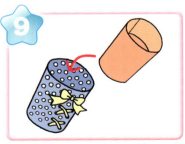

⑧の両端を、ペン立ての丸みに合うようにセロテープでつなぎ、ペン立てに入れて完成。

# デコチャレンジ12
## パジャマポーチ

もとはクリアケースだなんて気づかれないかも？！
お気に入りの柄の布を見つけたら、
パジャマをイメージして、リボンやレースでかわいくデコりましょう。
大きめサイズなので、文具以外にもいろいろ入れられます♥

**使ったアイテム**

クリアケース
（B5）

## 使う道具・材料

- ペン
- はさみ
- 布
- リボン
- ストーン
- フェルト
- ワッペン
- ポンポン（デコレーションボール）

- 瞬間接着剤
ゴム、革、金属などのはりつけにおすすめ

- 木工用接着剤
木材や布のはりつけにおすすめ

- キルト綿
手芸屋さんにあるよ。
すこし厚めのものが◎

- フリルテープ
幅3.5cmくらい

## 作り方

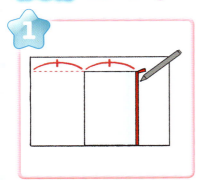

**1** キルト綿の上にクリアケースを置き、ペンでクリアケース2つ分の大きさをなぞる。

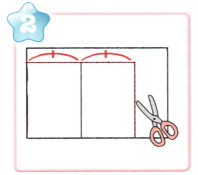

**2** なぞった線に合わせて、はさみでキルト綿を切る。

**3** 布の上に、❷ のキルト綿を置き、まわりを3cmほど残して布を切る。

**4** 布の左右の辺の3cm分に木工用接着剤をつけ、折り返してキルト綿とくっつける。

布の4つの角は三角に切ると仕上がりがきれいに

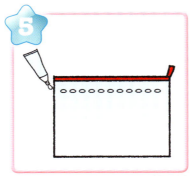

**5** クリアケースのファスナーの下に瞬間接着剤をつける。

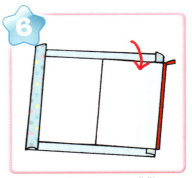

**6** クリアケースのファスナー部分が❹の布の外側に出るように、クリアケースをキルト綿をつけた布にくっつける。

41

### 7

布の上下の辺の3cm分に瞬間接着剤をつけて、折り返してくっつける。

### 8
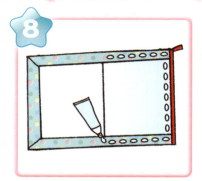
クリアケースの両サイドの布の上と、ファスナーの下に瞬間接着剤をつける。

### 9
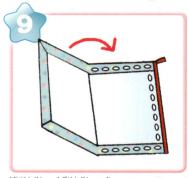
左半分を右半分に折りたたみ、くっつける。

### 10
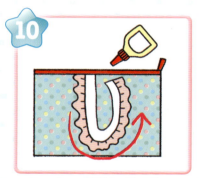
クリアケースの中心に線を書くように木工用接着剤をつけ、フリルテープをはる。半分のところで折り返し、接着剤でくっつける。

### 11
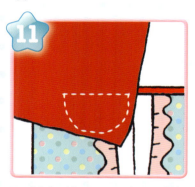
フェルトをクリアケースにあて、パジャマのエリの大きさを決める。エリの大きさと形に2枚切り、木工用接着剤でくっつける。

### 12

リボンをちょうちょ結びして、エリの中心に瞬間接着剤でくっつける。

### 13
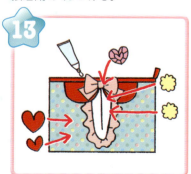
リボンの上に大きなストーン1つ、フリルテープの上にポンポン3つを瞬間接着剤でつけ、ワッペンを木工用接着剤でくっつけて完成。

**おすすめアレンジ**
ポンポンのかわりにボタンをデコ。よりパジャマっぽさがUPして、ゆめかわに！

後ろから見たところ

ファスナーと布の間にすきまをつくらない！

中は布じゃなくてクリアケースだから汚れにくい！

中を開けたところ

## 放課後 こうじょうちょーなんでもQ&A

DIY動画で大人気のユーチューバーこうじょうちょーに、作品づくりのちょっとしたコツやアイデア、動画づくりについて聞いてみました！

### Q1 DIYのアイデアはどうやって思いつくの？

A 100円ショップなどに行って、かわいい商品をみつけたら、それをどうやって使おうかな～って考えます。動画投稿サイトYouTubeにDIY動画を公開すると、見てくれた人が作ってほしいもののリクエストをくれたり、ヒントになるアイデアをくれたりするので、それで作ることも。自分が小学生のころにほしかったもの、ハマってたものを作ってみることもあります！

### Q2 筆を使って色ぬりできる？

A もちろん筆でもできます！ただ、筆のあとが残ってしまうこともあるので、スポンジがおすすめ。100円ショップやドラッグストアで売っている、メイクをする用の目の細かいスポンジなら、キレイに色もぬれるし、終わったらそのまま捨てられて便利ですよ！

### Q3 DIY用品、どうやって収納してるの？

A ネイル用、工作用、手芸用品など、目的別に分けて箱に入れています！デコパーツやアクセサリーパーツ、ビーズなどは、細かく仕切れるケースに種類や色別に分けておくと使いやすいですよ。色や柄がたくさんあって、ついつい集めちゃうマスキングテープの収納には、34ページのキャンディペンケースを使っています！

### Q4 材料はどこで買っているの？

A 100円ショップ（ダイソー、セリア、キャンドゥ）や、手芸用品店（ユザワヤ、東急ハンズなど）で買っています！布は、ネットショップで買うことも。おうちの人に相談して、自分のお気に入りを探してみてくださいね。

### Q5 動画ってどうやって作っているの？

A 自分で撮影して、自分で編集して、自分で投稿します！三脚を使ってカメラを固定して撮影した動画を、いらないところを切ったりつなげたり、音楽や字幕をつけたりします。1本の動画を編集するのに、長いと6時間くらいかかることもあるんですよ。

何よりも楽しむことが大事です★

# DIYの夢が広がる！100円アイテムカタログ

この本で使ったアイテムは、ほとんど100円ショップで買ったものです。でも、アイテムの品ぞろえは、お店や時期によって違うので、ここでは、実際に使ったアイテムのかわりになる商品を紹介します★ あなたのアイデアで、いろいろなデコにチャレンジしてみましょう！

## この本で紹介したアイテムの かわりになる100円アイテム

### デコえんぴつ (P.8)
上に消しゴムがついていないえんぴつは、えんぴつのてっぺんもデコることができるよ。

### えんぴつチャーム (P.12)
スプリングゴムのかわりに、伸びちぢみするスプリングを使ったキーホルダーなども利用できます。スプリング部分を好きな長さに切り取ろう！

### くるくるボールペン (P.14)
100円で10色入りのペンもあります。カラフルな色に合わせて、マスキングテープを選んでみて★

### いちご消しゴム (P.16)
ゴムの部分がカラフルな消しゴムで、違うフルーツのデザインにチャレンジしちゃおう！

### キラキラじょうぎ (P.18)
じょうぎと分度器が合体したものもあるよ。デコるスペースがいっぱいあって楽しみが広がる！

### ゆめかわノート (P.20)
ノートのボーダー柄を利用したデコにもチャレンジしてみて！

### デコクリップ (P.22)
留める部分にかわいい絵柄のついたクリップなら、マステを貼らなくてOK！ デザインに合わせた色の刺しゅう糸で編んでみて。

### フラワーポーチ (P.24)
ポーチそのものに色がついていてもいいね。ポーチの色に合わせた造花を探して、さらにあざやかに。

### デコペンケース (P.28)

ペンケースのかわりに、たくさん仕切りがある小物ケースも、同じやり方で色をつけてデコってみよう！

### ぐるぐるえんぴつキャップ (P.32)

キャップの上にある小さなかわいい飾りをあえて見せるようにねんどを巻いてみよう。

### キャンディペンケース (P.34)

軟質カードケースのかわりに、カラフルなクリアファイルでも作れます。開けたときに、中もカラフルに！

### もこもこペンケース (P.36)

太さや長さが違う筒のケースにもチャレンジしてみて。いろんなサイズのペンケースを作れるよ。

### リボンペン立て (P.38)

穴にリボンを通すだけではなく、取っ手の部分にもリボンを巻くとかわいいかも。

### パジャマポーチ (P.40)

クリアケースは、ファスナーの色もいろいろ。お気に入りの布に合わせて選んでね。

## 100円ショップで見つけた！ かわいいデコパーツ

\星柄のデザイン/　\リボンが編み込まれてる/　\素材が布のテープ/　\レースもついてる/

リボン

毛糸

マスキングテープ

リボン

\色も大きさも素材もいろいろ！/　\パステルカラーやパール風まで/　\いろいろな柄があるよ/

シール

ビーズ

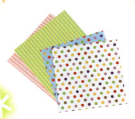
おりがみ

# もっとDIYを楽しもう！
# こうじょうちょーのDIY作品

こうじょうちょーは、DIY動画を中心に大人気のユーチューバー。この本では、学校で使える文具のデコ「学校DIY」の作品を主に紹介しましたが、ほかにもいろんな雑貨やアクセサリーを作って、動画を投稿しています。その一部をちょっぴり紹介しちゃいます！

## プラバンのフルーツチャーム

プラバンとは、プラスチックの板に絵を描いて、オーブントースターで焼いて固めるハンドメイドです。プラバンにフルーツの絵を描いて、チェーンとリボンをつけてかわいいチャームにしてみました！

## 透明コースター

UVレジンは、透明な樹脂を使った人気の手作り素材。紫外線でしっかり固めることができます。大きなハートのビーズやキラキラのスパンコール、季節のモチーフをならべてUVレジン液を流して固めれば、オリジナルコースターのできあがり！

## オリジナルコーム

UVレジンは、型（シリコンモールド）を使えばいろんな形が作れます。好きな色、好きなデザインにできるので、かわいらしくも大人っぽくシンプルにも★友だちとおそろいで作るのも楽しそう！

## 貝がらアクセサリー

貝がらで作ったイヤリングや、キーホルダーやストラップ。つける金具によって、好きなアイテムが作れます。この作品は、貝がらの中にUVレジンを入れ、水面のもようをつけました。さらにパールや星型のビーズでマリン風にデコ♥

## カラフルサボンジェム

サボンジェムとは、宝石のような石けんのことです。グリセリンクリアソープと、食べものの着色料を使って、いろんな色や形をためしてみました。

## くつひものデコ結び

いつもはいているくつも、ひもの色を変えて、結び方をアレンジ！ 複雑な結び方に見えますが、同じ動作をくり返すだけなのでじつはカンタン。ふつうの白いスニーカーでも、ちょっと個性的になりますよ★

この本で紹介した作品の作り方がわかる「学校ＤＩＹ」動画や、こうじょうちょーのほかの動画などを見たい人は、おうちの人と一緒にYouTubeで「こうじょうちょー」を検索！

| 取材協力 | UUUM株式会社 |
|---|---|
| イラスト | スギタメグ |
| デザイン | 佐藤明日香（スタジオダンク） |
| 撮　　影 | 竹内浩務、富岡甲之（スタジオダンク） |
| 編集協力 | 守田悠夏（スタジオポルト） |

「YouTube」はGoogle Inc.の商標または登録商標です。
YouTubeを視聴したいときは、かならずおうちの人と相談してください。

## ユーチューバーこうじょうちょーの ゆめかわデコブック 学校DIY編

2018年3月23日　第1刷発行

作　こうじょうちょー

発　行　者　中村宏平
発　行　所　株式会社ほるぷ出版
　　　　　　〒101-0051　東京都千代田区神田神保町3-2-6
　　　　　　電話　03-6261-6691
　　　　　　http://www.holp-pub.co.jp

印刷・製本　株式会社シナノ

ISBN978-4-593-59440-5
NDC594/48P/238×182mm
Printed in Japan

落丁・乱丁は購入店名を明記の上、小社営業部宛にお送りください。
送料小社負担にて、お取り替えいたします。